Text von Gerhard Dahne
Illustrationen von Dieter Müller

Altberliner Verlag

Berba

Ein Tag im Leben eines Löwen

Das Rudel Löwen döst im Schatten einer knorrigen Akazie. Berba hält auf einer kleinen Anhöhe inmitten der Buschsteppe Wache. Hunger hat sie, seit neun Tagen nichts mehr gefressen. Da ist sie mürrisch, da gilt selbst die gewohnte Mittagsruhe nichts mehr.

Und die Löwenkinder, die erst mit drei Monaten entwöhnt werden, was tun sie? Sie tappen von einer Löwin zur anderen nach Milch. Ärgerlich stupst Berba das Junge, das bei ihr saugen will. Doch es läßt sich diesmal nicht verscheuchen. Da fletscht sie die Zähne und murrt böse. Trotzdem, der Hunger ist größer als die Angst. Wütend, doch vorsichtig schleudert Berba das ausgezehrte Kleine beiseite. Sie hat keine Milch mehr.

Berba ist aufgestanden. Die Mittagsglut lastet auf der Savanne, stülpt sich wie eine flirrende Glocke über Grasbüschel, Dornengestrüpp und ein paar einsame Bäume. Berba knurrt der Magen. So sehr ist sie erregt, daß sie ihren Wachposten verläßt. Erst zögert sie noch. Dann läuft sie ein paar Schritte vor und blickt zurück. Sie kehrt um, dreht sich um sich selbst, schlägt um die Gefährtinnen mit den Jungen einen Bogen, weit schon in die Buschsteppe hinein.

Plötzlich verharrt sie. Sie lauscht. Ihr feines Gehör trügt sie nicht: Schwarzfersen-Antilopen! Beute, allerbeste Beute! Dem Hunger winkt ein Ende.
Berba schleicht sich gegen den Wind an. Die Antilopen sollen keine Witterung von ihr bekommen. Hinter einem Felsen, an dem die Herde vorbei muß, geht sie in Lauerstellung. Sie hat noch viel Zeit. Nur gemächlich nähert sich das Leittier. Ohne Unterlaß äugt und lauscht und

schnuppert es in alle Richtungen. Auf einmal bleibt es stehen, nur wenige Meter von Berba entfernt. Da geschieht das Unglaubliche: Der Bock wendet sich dem Felsen zu! Mit festen Schritten tritt er Berba entgegen, sofort begleitet von einigen anderen mutigen Antilopen. Die runden Sterne in Berbas kleinen Augen sprühen vor Ärger. Aber das hilft nichts. Widerwillig trollt sich die Löwin. Doch die tapferen Antilopen bleiben

ihr auf den Fersen und drängen immer dichter heran. Sowie Berba stehenbleibt und sich umdreht, springen sie mit großen Sätzen beiseite, um ihr aber gleich wieder mit den spitzen Hörnern auf den Leib zu rücken. Dieses Spiel wiederholt sich so oft, bis die Löwin aus dem Gebiet der Antilopen vertrieben ist. Am meisten allerdings faucht sie darüber, daß die Widersacher mit ihren hastigen Bewegungen das Wild in der Umgebung gewarnt haben.

Weit hat sich Berba vom Rudel entfernt. Sie steht da mit eingezogenem Bauch, das breite Gesicht in den Wind gestellt, gespannt die rundlichen Ohren mit dem gelben Fleck auf der Außenseite. Da zuckt der lange Schwanz mit der dunkelbraunen Quaste. Schon schlägt sie zu, einmal, zweimal tatzt sie eine Maus, bis das Tierchen tot liegenbleibt. Aber was bedeutet dieser Bissen schon für ihren Hunger?

Inzwischen werfen Akazien, Dornsträucher, Strohblumen, Kranichschnabel und andere fleischige Staudengewächse immer längere Schatten. Berba kauert hinter einem Termitenstock. Aber nicht der riesige Bau interessiert Berba. Sie hat in der offenen Savanne einen Büffel erkannt. Friedlich lagert er im Schatten eines Gebüschs und käut wieder. Behutsam schleicht sich Berba an. Nur die gepolsterten Fuß-

ballen berühren den Boden. Jeden Termitenhügel, jeden Busch, jedes Büschel vom meterhohen Elefantengras nutzt die Löwin als Deckung. Die letzte Strecke vor dem Sprung kriecht sie. Je langsamer sie sich voranschiebt, desto erregter wird sie. Der Schwanz zuckt hin und her. Nur wenige Meter vor dem käuenden Büffel verharrt sie reglos. Ihre Muskeln sind aufs äußerste gespannt.

Plötzlich springt sie los. Zwei, drei Sätze fliegt sie – da schlagen ihre Pranken mit den langen Sichelkrallen auf den Rücken des Büffels. Behäbig richtet sich der Bulle auf. Es ist, als müsse er erst zu sich kommen. Doch schon wuchtet er den Kopf herum. Aufspießen will er die Löwin. Aber Berba federt blitzschnell seitwärts. Der Büffel steht wie angewurzelt. Berba hat sich hinter einen Busch verzogen und beobachtet ihn. Der junge Kaffernbüffel wirkt unentschlossen. Soll er sich erneut

lagern und wiederkäuen oder die Feindin verfolgen? Doch bevor er sich entscheidet, duckt sich Berba noch einmal. Mit kurzen Sätzen jagt sie heran. Ehe es der Bulle begreift, ist sie auf ihm. Unbändig strengt sie sich an, aber vergeblich. Wieder rutschen ihre spitzen Krallen an seiner festen Schwarte ab, findet sich keine Hautfalte oder Fleischwulst, in die sie ihre furchtbaren Eckzähne schlagen kann.
Der Bulle wirft mit einem einzigen Ruck seine Reiterin hinunter.

Wutschnaubend senkt er den Kopf und stürzt sich auf Berba. Gerade will er sie auf die Hörner nehmen, da schnellt sie geschmeidig hoch. Vorbei an Hörnerspießen, blutunterlaufenen Augen und stampfenden Hufen springt sie, überschlägt sich und schießt davon. Wäre nur nicht dieser mächtige Hunger gewesen...

Berba sucht die Gefährtinnen. In der Ferne sieht sie ihre einäugige Schwester. Ein Zebra hatte ihr mit dem Hinterhuf das Auge ausgeschlagen. Berbas Schwester ist dem großen Mähnenlöwen gefolgt. Der hatte zuvor alle Rivalen mit blutigen Bissen vertrieben. Jetzt ist das Paar für zwei bis vier Tage nur noch mit sich beschäftigt. Nichts schert sie, was um sie herum passiert. Es stören die Paviane nicht, die in der Nähe jeden Stein, jeden alten Ast nach etwas Eßbarem umdrehen. Unbeachtet bleibt die Pythonschlange, die kürzlich aus dem Geheck unter dem Dornenstrauch einer Löwin das Baby gestohlen hat. Der große Mähnenlöwe und Berbas einäugige Schwester lieben sich. Berba schnappt eine Heuschrecke. Allerdings verspürt sie nach diesem kümmerlichen Happen den unerträglichen Hunger nur noch stärker.

Unverhofft trifft Berba auf eine Gnuherde. Doch die Giraffen, die sich den Gnus zugesellt haben, warnen rechtzeitig, und die Tiere stieben davon. Mal sind es die Giraffen, mal die Strauße, die die Wachttürme der Herden bilden. Berba kennt das aus Erfahrung und trollt sich.

Noch vor der Abenddämmerung findet Berba das Rudel. Ihre Gefährtinnen beobachten die vier Mähnenlöwen, die im fremden Revier einen abgemagerten Löwen zum Kampf gestellt haben. Ihn umschwirren blutsaugende Lausfliegen. Zecken hausen in seinem Fell. Ihn plagt das Fieber. Das linke Auge ist von einer eitrigen Entzündung verquollen, verursacht von einem abgebrochenen Stachelschweinstachel. Da hetzt der stärkste Mähnenlöwe auf den Gegner, will ihm mit fürchterlichem Prankenschlag den Leib aufreißen. Doch im letzten Augenblick rettet sich der Kranke durch Flucht. Während dies geschieht, leckt sich Berba unbeteiligt die Pfoten. Sie hat Hunger.

Nicht allzulange nach diesem Vorfall stoßen die Löwinnen auf eine Zebraherde. Wie auf ein Kommando schwärmen sie aus und beziehen um die Zebras herum Stellung. Diesmal ist jede auf dem vorgesehenen Posten. Die gemeinsame Jagd beginnt. Von allen Seiten springen die Löwinnen auf die Zebras los. In panischer Angst galoppieren die Tiere von Löwin zu Löwin, rasen im Kreis herum, verwirren sich. Endlich brechen sie durch die Umkreisung und donnern davon.

Mit gewaltigem Satz ist Berba einem versprengten Zebrahengst ins Genick gesprungen. Er bäumt sich auf, aber schon zermalmt sie ihm die Halswirbelknochen. Tot bricht der Hengst zusammen. Die Herde äst in Sichtweite weiter, als wäre nichts geschehen.

Kaum hat Berba den Zebrahengst getötet, tauchen die vier Mähnenlöwen auf. Ob sie will oder nicht, sie muß von der Beute lassen. Gierig sieht sie zu, wie die Männer sich vollfressen. Pfundschwere Fleischbatzen reißen sie heraus. Auf einmal will ihnen ein Junglöwe nacheifern. Da bekommt er einen Hieb, daß ihm diese Frechheit vergeht. Immer noch giepern die Löwinnen in der zweiten Reihe. Endlich haben die Männer ihren Löwenhunger gestillt. Sofort stürzen sich die Frauen aufs Futter. Feindlich zueinander knurren und murren sie beim Fressen. Dann sind auch sie satt. Nun erst dürfen die jungen Löwen zuschnappen. Diesmal wird keines von ihnen verhungern.

Die Löwen haben die Reste des Kadavers vor den Hyänen und Geiern versteckt und ziehen weiter. Bald machen sie es sich auf einer Kuppe gemütlich, von der sie ihre Umgebung gut überblicken können. Im nahen Tümpel grunzen Flußpferde. Mit tänzelnden Schritten zieht ein Buschbock am Schilf entlang. Auf einem Felsen spielen zwei zierliche Klippspringer-Antilopen Haschen. Ein Elefant steht bis an den Leib in einem Wasserloch. Auf seinem Rücken sitzt ein weißer Kuhreiher. Die flinken Nachtschwalben fangen Mücken. Vollgefressen fühlt sich Berba wohl. Sie leckt und putzt ihr Baby, das erst einen Monat alt ist. Es ist gerade soweit, daß es aus dem Geheck im Dornenbusch herauskann.

Plötzlich beginnt der große Mähnenlöwe zu brüllen. Mit tiefem Baß setzt er ein, mit drei, vier herausgepreßten Lauten, die wie ein Stöhnen klingen. Dann kommen die Töne schneller, schneller und immer lauter. Und sie tosen zum Gebrüll und drohen, die Lungen zu zerreißen. Ein ungestümes Donnergrollen läßt die Savanne erzittern. Auch Berba hat sich erhoben, steht da, majestätisch aufgerichtet, den Blick in die mondhelle klare Nacht. Freien Lauf läßt sie dem Getöse in ihrer Brust. Erneut beginnt der Vorsänger, wieder folgt der donnernde Chor, der Himmel und Erde beben läßt. Still sind in diesem Augenblick alle Tiere ringsherum. Nur die Meerkatzen, die so schrecklich neugierig sind, lugen durchs Geäst und schneiden ein paar Fratzen.